POR EL AMOR DE LA CERVEZA: COMIDA Y CERVEZA

50 PERFECTAMENTE EQUILIBRADOS RECETAS

RAYA SABIO

Reservados todos los derechos.

Descargo de responsabilidad

TABLE OF CONTENTS

INTRODUCCIÓN

Las cervezas con su sabor dulce, tostado, a malta o nuez pueden agregar profundidad a los platos, desde el desayuno hasta los refrigerios, los postres y los platos principales. . Y no se preocupe por emborracharse, prácticamente todo el alcohol se evapora durante el proceso de cocción. Estos platos harán que sus invitados se pregunten cuál es el ingrediente secreto (iy volverán por más!).

Diferentes cervezas combinan bien con diferentes alimentos, por lo que es importante aprender las diferencias de sabor antes de ir a la cocina. La cerveza se puede dividir en dos grupos principales: ales y lagers. Ale, la cerveza original, se elabora de una manera que da como resultado sabores afrutados y terrosos. Las lagers utilizan sistemas de elaboración de cerveza más modernos para ser más ligeras y secas. Cada tipo de cerveza tiene un sabor claramente diferente que combina bien con ciertos alimentos. A continuación, encontrará un desglose de varios tipos comunes y algunas recetas que usan cada uno.

Cervezas de trigo

Las cervezas de trigo son pálidas, a menudo sin filtrar (por lo tanto, turbias) y tienen sabores afrutados, suaves y crujientes, bien combinados con ensaladas y pescados.

Pale Ale y Amarga

Su frescura atraviesa maravillosamente carnes ricas y grasosas como la caza. Pale ale es más fuerte, con más carbonatación vigorizante y va bien con todo, desde pan y queso hasta pescado y patatas fritas.

Portero

Es menos tostado que la cerveza negra y menos amarga que la cerveza pálida, y capta los sabores de los guisos especialmente bien.

cerveza negra

Stout resalta los sabores en todo, desde mariscos hasta guisos. Debido a sus notas distintivas de café y chocolate, también es perfecta para combinar con ricos postres.

PLATOS INFUSOS

1. Estofado de ternera con tubérculos

Rendimiento: 6 porciones

Ingrediente

- 2 libras de carne de res para estofado

- 1 cucharada de tomillo seco

- 1 cucharada de romero seco

- $\frac{1}{4}$ taza de aceite vegetal

- 2 cucharadas de mantequilla

- 1 taza de cebollas; pelado y cortado en cubitos

- $\frac{1}{4}$ taza de harina

- 12 onzas de cerveza negra

- 1 cuarto Caldo de res caliente

- $\frac{1}{2}$ taza de tomates triturados

- 2 cucharaditas de sal y 2 cucharaditas de pimienta

- 1 taza de apio y zanahorias peladas y cortadas en cubitos

- 1 taza de colinabo pelado y cortado en cubitos

- 1 taza de chirivías peladas y cortadas en cubitos

En una cazuela grande, lleve a ebullición y reduzca el fuego a fuego lento. Cocine durante $\frac{3}{4}$ hora.

2. Frijoles rojos de cerveza ámbar de Alaska

Rendimiento: 6 porciones

Ingrediente

- 1 libra de frijoles rojos; cocido

- ½ libras de jamón; cortado en cubitos

- ½ libras de salchichas Hot Link; cortado en cubitos

- 3 medianos de chile jalapeño

- 1 cebolla mediana; cortado en cubitos

- 1 cucharada de condimento criollo

- 2 Botellas de cerveza ámbar de Alaska

- $\frac{1}{2}$ taza de apio; cortado en cubitos

- $\frac{1}{2}$ taza de pimiento rojo; cortado en cubitos

En una olla de cocción lenta o una sartén pesada de 3 cuartos, coloque todos los ingredientes excepto los frijoles a hervir y cocine a fuego lento durante una o dos horas. Agregue los frijoles y cocine a fuego lento durante una o dos horas más.

No use un condimento criollo hecho con sal. La salchicha y el jamón aportan sal, y se puede añadir más en la mesa.

Agregue pimientos adicionales si lo desea. Sirve con arroz. Escurra los frijoles y vuelva a llenar con agua para cubrir y cocine a fuego lento hasta que estén tiernos.

3. Pechuga estofada con cerveza y chile

Rendimiento: 1 porción

Ingrediente

- 2 Dientes de ajo; picado

- 2 cucharaditas de comino molido

- $\frac{1}{4}$ de cucharadita de canela

- $\frac{1}{4}$ de taza Más 1 cucharada. azúcar morena

- 5 libras de pecho

- 2 cebollas grandes; cortar en gajos

- 1 taza de cerveza negra; o robusto

- 3 cucharadas de pasta de tomate

- 1 cucharada de chiles chipotle enlatados

- 10 papas rojas pequeñas; Cortar por la mitad

- $\frac{1}{2}$ libras de zanahorias baby

Mezcle bien los primeros 3 ingredientes. Frote la pechuga con la mezcla de especias para cubrir y colocar sobre papel de aluminio.

Coloque las rodajas de cebolla sobre la carne. Combine los siguientes 3 ingredientes y el azúcar morena restante en un tazón. Vierta sobre la carne.

Rocíe la carne con los jugos de la sartén y hornee una hora más.

Agregue papas y zanahorias a la sartén. Hornee alrededor de 1 hora y media, sin tapar.

4. Cerveza y pretzels pollo-Perdue

Rendimiento: 4 porciones

Ingrediente

- 1 pollo Perdue, cortado

- ⅓ taza de harina

- 1 cucharadita de pimentón

- 2 cucharaditas de sal

- ¼ de cucharadita de jengibre

- ¼ de cucharadita de pimienta

- ½ taza de cerveza

- 1 huevo

- ½ taza de pretzels finamente triturados

- ¼ taza de queso parmesano rallado

- ¼ de taza de tocino triturado

- 1 cucharada de hojuelas de perejil seco

Mezcle la harina, el pimentón, la sal, el jengibre y la pimienta en un tazón. Agrega la cerveza y el huevo.

Mezcle los pretzels triturados, el queso parmesano, los trozos de tocino y el perejil en una bolsa de plástico. Sumerja los trozos de pollo y agite para cubrirlos.

Hornee, cubierto, a 350 F durante 30 minutos.

5. Pollo rebozado a la cerveza

Rendimiento: 4 porciones

Ingrediente

- 1 taza de harina sin tamizar

- 1 cucharada de pimentón

- ½ cucharadita de sal

- 1 cuarto de galón aceite de maíz

- 1 taza de cerveza

- 3 libras de pollo, cortado en partes

En un tazón grande, mezcle los primeros 3 ingredientes. Vierta aceite de maíz en 3 cuartos de galón pesados. cacerola o freidora, llenando no más de⅓ completo.

Calentar a fuego medio a 375 grados.

Cuando esté listo para freír, agregue gradualmente la cerveza a la mezcla de harina hasta que quede suave. Sumerja el pollo, 1 pieza a la vez, en la masa; sacudir el exceso.

Freír algunos trozos a la vez; volteando de vez en cuando, de 6 a 8 minutos o hasta que se doren y el pollo esté tierno. Escurrir sobre toallas de papel. Manténgase caliente mientras fríe las piezas restantes.

6. Pescado rebozado a la cerveza

Rendimiento: 1 ración

Ingrediente

- 1 taza de bisquick

- 1 cucharadita de sal

- 4 6 onzas de cerveza

- ⅓ taza de harina de maíz

- ¼ de cucharadita de pimienta

- 2 libras de filetes de pescado

Combine los ingredientes secos y agregue cerveza para obtener una consistencia pegajosa para mojar. Salar el pescado y sumergirlo en la masa. Freír a 375 grados hasta que el pescado esté dorado.

7. Alevines de lenguado rebozado de cerveza

Rendimiento: 1 ración

Ingrediente

- 1 taza de bisquick

- 1 cucharadita de sal

- 4 6 oz de cerveza

- ⅓ taza de harina de maíz

- ¼ de cucharadita de pimienta

- 2 libras de filetes de pescado

Combine los ingredientes secos y agregue cerveza para obtener una consistencia pegajosa para mojar. Salar el pescado y sumergirlo en la masa. Freír a 375 grados hasta que el pescado esté dorado.

8. Rebozado de cerveza para pollo frito

Rendimiento: 1 porción

Ingrediente

- ⅔ taza de harina

- ½ cucharadita de sal

- ⅛ cucharadita de pimienta

- 1 Yema; vencido

- ¾ taza de cerveza sin alcohol

Combine los ingredientes secos y reserve. Batir la yema de huevo y agregar lentamente la cerveza.

Poco a poco agregue esto a la mezcla seca. Humedece el pollo. Sumerja en harina sazonada y luego sumérjala en la masa. Sumerja nuevamente en harina sazonada. Freír

9. Rebozado de cerveza para camarones y verduras

Rendimiento: 1 porción

Ingrediente

- 2 tazas de harina

- 2 tazas de cerveza

- Petróleo; para freír

- Harina sasonada; para dragar

- Camarón; pelado, desvenado

- Tiras de calabacín

- Floretes de brócoli

En un bol con la harina, agregue la cerveza, una pequeña cantidad a la vez. Agrega más cerveza según sea necesario. Vierta la masa por un colador y déjela reposar durante una hora. Verifique la consistencia deseada y agregue más cerveza si es necesario.

En una olla profunda, calienta el aceite a 360 grados. Drague el artículo que va a freír en harina sazonada y luego sumérjalo en la masa de cerveza. Freír hasta que esté dorado. Retirar a un plato forrado con toallas de papel. Servir inmediatamente.

10. Lenguado frito rebozado de cerveza

Rendimiento: 1 ración

Ingrediente

- 2 libras de filete de lenguado

- $\frac{3}{4}$ taza de harina

- 1 cucharadita de levadura en polvo

- $\frac{1}{2}$ cucharadita de cebolla en polvo

- $\frac{1}{8}$ cucharadita de pimienta blanca

- $\frac{1}{2}$ taza de cerveza

- 2 Huevos, salsa tártara de aceite vegetal batido

La masa de este plato de pescado frito es ligera y crujiente con un delicado sabor a cerveza. El lenguado se puede sustituir por otros filetes de pescado.

Seque el pescado con toallas de papel. Corta cada pieza por la mitad a lo largo.

Combine los ingredientes secos. Mezcle la cerveza con los huevos y 2 cucharadas de aceite y agregue a los ingredientes secos. Revuelva solo hasta que se humedezca. Caliente $\frac{1}{4}$ de pulgada de aceite en una sartén.

Sumerja cada pieza de pescado en la masa, cubriendo bien. Freír hasta que estén doradas por ambos lados. Sirve con salsa tártara. Prepara de 6 a 8 porciones.

11. Verduras fritas con rebozado de cerveza

Rendimiento: 4 porciones

Ingrediente

- Petróleo

- 1 Sopa de cebolla dorada en sobres

- 1 taza de harina para todo uso sin blanquear

- 1 cucharadita de polvo para hornear

- 2 Huevos grandes

- ½ taza de cerveza, cualquier cerveza normal

- 1 cucharada de mostaza preparada

En una freidora, caliente el aceite a 375 grados F. Mientras tanto, en un tazón grande, bata la mezcla para sopa de la receta de cebolla dorada, la harina, el polvo de hornear, los huevos, la mostaza y la cerveza hasta que quede suave y bien mezclado. Deje reposar la masa durante 10 minutos. Sumerja las verduras y cosas sugeridas en la masa y luego viértalas con cuidado en aceite caliente.

Freír, dando vuelta una vez, hasta que estén dorados; escurrir sobre toallas de papel. Sirva caliente.

12. Pollo con cerveza mexicana

Rendimiento: 1 porción

Ingrediente

- $1\frac{1}{2}$ libras de trozos de pollo

- 2 Pimientos verdes cortados en rodajas finas

- 1 mediano   Cebolla cortada en rodajas finas

- 1 Diente de ajo picado

- 1 tomate grande picado

- 2 cucharadas Petróleo

- 1 Lata de cerveza

- Sal pimienta

Calentar el aceite en una cacerola. Espolvorea sal y pimienta sobre el pollo, coloca en el aceite y fríe cada trozo de pollo de cada lado hasta que esté ligeramente dorado, retira el pollo y reserva. En el mismo aceite sofreír las cebollas, los pimientos verdes, los tomates y los ajos durante unos 2-5 minutos. Agrega el pollo y la cerveza, lleva a ebullición, baja el fuego y deja que se cocine hasta que el pollo esté cocido y la cerveza casi se absorba. No dejes que se seque. Sirva con una guarnición de arroz.

13. Fletán de masa de cerveza

Rendimiento: 1 ración

Ingrediente

- un par de libras de fletán

- suficiente aceite de cocina para freír

- 1 taza de harina

- una botella de cerveza de 12 onzas

- 1 cucharada de pimentón

- 1 1/2 cucharadita de sal

Para esta masa, las cervezas de colores claros de buena calidad funcionan mejor. El sabor de las cervezas negras es demasiado fuerte.

Corte el fletán en trozos de 1 pulgada de grosor. Caliente el aceite en una freidora a 375 grados F. Haga la masa combinando los ingredientes restantes. Sumerja el fletán en la masa y deje caer los trozos en el aceite caliente unos pocos a la vez. Cocine los trozos de pescado hasta que la masa esté dorada ~ solo unos minutos. El fletán se cocina demasiado fácilmente, así que trate de no exagerar. Retirar los trozos de pescado del aceite y escurrir sobre toallas de papel; sirva bien caliente con sus acompañamientos favoritos.

14. Fish and chips en rebozado de cerveza

Rendimiento: 1 porción

Ingrediente

- 1½ libras de filetes de bacalao

- ⅓ taza de jugo de limón fresco

- ½ Cebolla blanca grande picada

- Sal al gusto

- Pimienta al gusto

- 6 papas medianas

- Aceite vegetal

Rebozado de cerveza

- $\frac{1}{2}$ taza de harina

- 1 cucharadita de pimentón

- pimienta de cayena

- Vinagre de malta (opcional)

Corte el pescado en trozos para servir y colóquelo en un tazón plano. Espolvoree el pescado con jugo de limón, cebolla, sal y pimienta al gusto, deje marinar 1 hora. Lavar y pelar las patatas; cortar en tiras y enjuagar con agua fría: escurrir bien. Freír las papas en aceite hondo calentado a 375 hasta que estén casi tiernas; escurrir y esparcir sobre toallas de papel. Tamizar la harina, 1 cucharadita. sal, pimienta y cayena al gusto en un plato plano; espolvorear pescado en harina. Sumerja el pescado en la masa de cerveza y fríalo hasta que esté dorado y crujiente.

15. Champiñones rebozados a la cerveza

Rendimiento: 4 porciones

Ingrediente

- 24 cada una setas

- 1 cada paquete de mezcla de masa

- 1 taza de cerveza

Lave los champiñones y corte los tallos, pero no quite todo el tallo por completo.

Caliente el aceite en una freidora, como una "Fry-Daddy" o una sartén profunda con suficiente aceite para cubrir

Mezcle la masa de acuerdo con las instrucciones del paquete, excepto que use cerveza en forma líquida en lugar de agua o leche.

Fríelos hasta que estén dorados y escúrrelos sobre papel de cocina.

16. Cazuela de cerveza con patatas gratinadas

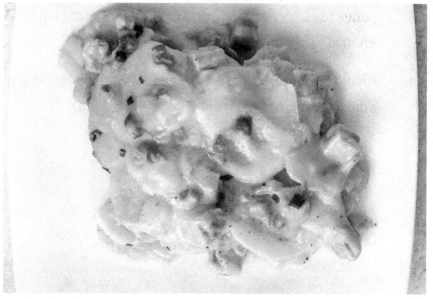

Rendimiento: 8 porciones

Ingrediente

- 4 papas Russet grandes con piel

- 1 taza de cebolla en rodajas

- $1\frac{1}{2}$ cucharadita de sal

- 1 cucharadita de sal de ajo

- 2 cucharaditas de pimentón

- 2 cucharadas de harina para todo uso

- 2 cucharaditas de azúcar

- 4 cucharadas de margarina

- 1 libra de queso suizo rallado

Pele las papas y córtelas en rodajas de $\frac{1}{8}$ de pulgada. Coloque una capa de una cazuela untada con mantequilla con $\frac{1}{4}$ de papas distribuidas uniformemente en el plato. Espolvoree las papas con $\frac{1}{4}$ de cebolla.

Combine en un tazón pequeño la sal, la sal de ajo, el azúcar, el pimentón y la harina. Mezclar bien. Espolvoree $2\frac{1}{2}$ cucharaditas de esta mezcla de manera uniforme sobre la primera capa.

Salpique con 1 cucharada de mantequilla cortada en trozos. Continúe el procedimiento con 3 capas más. Vierta la cerveza sobre la cazuela y cubra con queso rallado. Hornee a 350 ° C durante 1 hora.

17. Arroz salvaje en cerveza

Rendimiento: 4 porciones

Ingrediente

- ½ libras de arroz salvaje

- 1 lata de cerveza (12 oz.)

- 6 rodajas   Tocino

- 1 cebolla pequeña picada

- 1 lata de caldo de res

- 1 lata de crema de champiñones

Remoje el arroz salvaje en cerveza durante la noche. En una sartén, sofreír el tocino. Retire el tocino; desmoronarse. Sofreír la cebolla en 1 o 2 cucharadas de grasa de tocino

Combine el arroz escurrido, el caldo de res, la sopa de champiñones, el tocino desmenuzado y la cebolla salteada. Vierta en una cazuela de 2 cuartos de galón con mantequilla. Cubrir. Hornee a 350 grados durante una hora. Descubrir. Hornea por 30 minutos.

18. Cangrejos de caparazón blando rebozado de cerveza

Rendimiento: 6 porciones

Ingrediente

- 12 Cangrejos, blandos

- 12 onzas de cerveza; cálido

- $1\frac{1}{4}$ taza de harina

- 2 cucharaditas de sal

- 1 cucharadita de pimentón

- $\frac{1}{2}$ cucharadita de polvo de hornear

Vierta la cerveza en un tazón; agregue la harina y luego el resto de los ingredientes. Mezclar bien. Prepare la masa al menos 1 hora y media antes de usarla, ya que se espesará al reposar. Espolvoree ligeramente los cangrejos en harina; sumergir una sola vez en la masa.

Freír a 360 grados durante 2-5 minutos, según el tamaño. Los cangrejos deben tener un color marrón dorado. Escurrir y servir.

19. Tiras de pollo rebozado para la cena

Rendimiento: 1 porción

Ingrediente

- 1 lata (12 onzas) de cerveza

- 2 Huevos

- $1\frac{1}{2}$ taza de harina

- 4 gotas Colorante alimentario color huevo

- Salsa de miel y mostaza

- 1 libra de pechugas de pollo

- $\frac{1}{4}$ taza de mostaza estilo Dijon

- $\frac{3}{4}$ taza de miel

- $\frac{1}{4}$ de taza de mayonesa

Combine la cerveza, los huevos y la sal en un tazón. Agregue la harina y agregue harina adicional si es necesario. Agrega colorante alimentario.

Prepare la salsa para mojar con miel y mostaza.

Cuando esté listo para cocinar, precaliente de $1\frac{1}{2}$ a 2 pulgadas de aceite en una olla profunda o freidora a 350 grados. Retire la masa del refrigerador y revuelva bien.

Cubra las tiras de pollo con la masa, luego colóquelas suavemente en aceite con pinzas para que floten.

20. Pollo rebozado con cerveza frita al wok

Rendimiento: 6 porciones

Ingrediente

- 3 Hasta 3 1/2 libras. pollo

- 2 tazas de harina

- 2 cucharaditas de polvo de hornear

- 1 cucharadita de estragón frito

- $\frac{1}{4}$ de cucharadita CADA UNO; sal y pimienta

- 1 Huevo batido

- 1 12 oz de cerveza en lata

Cocine a fuego lento el pollo en agua con un poco de sal durante 25 minutos.

Pruebe la temperatura correcta del wok con un cubo de pan. Debería dorarse en 60 segundos. Licuar la harina, la levadura en polvo, el estragón, la sal y la pimienta. Agrega el huevo batido y la cerveza. Revuelva hasta obtener una consistencia de crema. Sumerja el pollo en la masa unos trozos a la vez. Deje escurrir el exceso de masa.

Cocine el pollo de 5 a 7 minutos, volteándolo una vez, hasta que esté bien dorado. Escurrir y mantener caliente.

21. Chuletas de cerdo en adobo de cerveza teriyaki

Rendimiento: 6 porciones

Ingrediente

- ⅔ taza de salsa de soja

- ¼ taza de Mirin

- O jerez dulce

- ¼ taza de vinagre de sidra

- ⅓ una taza de azúcar

- 2 cucharadas de jengibre fresco

- ⅔ taza de cerveza (no oscura)

- 6 Costilla o lomo de una pulgada de grosor

- Chuletas de cerdo

En una cacerola combine la salsa de soja, el mirin, el vinagre, el azúcar, la raíz de jengibre y la cerveza, cocine a fuego lento la mezcla hasta que se reduzca a aproximadamente 1⅓ tazas.

En una fuente para hornear poco profunda lo suficientemente grande como para contener las chuletas de cerdo en una capa, combine las chuletas de cerdo y la marinada, gire las chuletas para cubrirlas bien y deje que se marinen.

Ase las chuletas de cerdo en una rejilla engrasada colocada a unas 4 pulgadas sobre brasas, rociándolas con la marinada.

22. Chuletas de cordero con cerveza y salsa de mostaza

Rendimiento: 4 porciones

Ingrediente

- 8 Chuletas de cordero de aproximadamente 3 onzas cada una

- 2 Dientes de ajo, pelados y cortados en ha.

- 1 cucharadita de aceite vegetal

- Sal y pimienta para probar

- 1 taza de caldo de res

- 1 Botella (12 oz) de cerveza

- 1 cucharada de melaza

- 1½ cucharada de mostaza granulada

- 1 cucharadita de maicena

Frote las chuletas de cordero con una de las mitades de ajo, luego unte las chuletas con un poco de aceite y sazone con sal y pimienta.

Agrega el cordero a una sartén

Mientras tanto, vierta el caldo de res y 1 taza de cerveza en la sartén; agregue la melaza y el ajo restante. Llevar a hervir.

En un tazón pequeño, combine la maicena y la cerveza restante. Agregue a la salsa en la sartén y bata hasta que espese un poco. Combinar

23. Calamares rebozados a la cerveza

Rendimiento: 4 porciones

Ingrediente

- 2½ libras de calamar

- 1½ taza de harina de centeno

- 1 cucharada de aceite de maní

- Sal y pimienta para probar

- 12 onzas de cerveza

- 5 Claras de huevo, batidas rígidas pero no secas

- 4 tazas de aceite vegetal

- 2 manojos de perejil rizado

En un tazón, combine la harina, 1 cucharada. aceite de maní, sal y pimienta y bata para combinar. Incorpora la cerveza poco a poco. Doblar con cuidado las claras de huevo. Caliente el aceite en una freidora a 375 F. Sumerja los tentáculos de los calamares en la masa y fríalos en la grasa profunda durante $2\frac{1}{2}$ minutos. Escurrir sobre toallas de papel. Manténgase caliente. Seca muy bien el perejil y se coloca en la grasa profunda durante 20 segundos. Escurrir sobre toallas.

Coloque el anillo de calamar en una fuente grande y cubra con el perejil.

24. Cerveza estofada de ternera en olla de barro

Rendimiento: 6 porciones

Ingredientes:

- 3 libras de carne magra de estofado de res cortada en trozos

- 1 cucharadita de sal

- $\frac{1}{2}$ cucharadita de pimienta

- 2 cebollas medianas, en rodajas finas

- 1 Lata de 8 oz de champiñones

- 1 Lata de cerveza de 12 oz

- 1 cucharada de vinagre

- 2 cubos de caldo de res

- 2 cucharaditas de azúcar

- 2 dientes de ajo picados

- 1 cucharadita de tomillo

- 2 hojas de laurel

Pon la carne en la olla de barro. Combine todos los demás ingredientes y vierta sobre la carne. Cocine a fuego lento durante 8-10 horas o a fuego alto durante 4-5 horas. Antes de servir espese los jugos si lo desea. Joyce dice que usa un poco de harina o almidón de maíz para hacer esto.

25. Camarones a la parrilla a la cerveza

Rendimiento: 1 ración

Ingrediente

- $\frac{3}{4}$ taza de cerveza

- 3 cucharadas de aceite

- 2 cucharadas de perejil

- 4 cucharaditas de salsa Worcestershire

- 1 Diente de ajo, sal y pimienta picados

- 2 libras de camarones grandes, con caparazón

Combine cerveza, aceite, perejil, salsa inglesa, ajo, sal y pimienta. Agregue los camarones, revuelva y cubra. Deje marinar durante 60 minutos.

Escurrir, reservando la marinada.

Coloque los camarones en una rejilla para asar bien engrasada; ase durante 4 minutos, a 4-5 pulgadas del fuego. Gire y cepille; ase de 2 a 4 minutos más o hasta que esté rosado brillante.

26. Cerveza de chile

Rendimiento: 1 porción

Ingrediente

- 1 libra de carne de res o combo de res / cerdo

- $\frac{1}{4}$ taza de chile en polvo

- 2 cucharaditas de comino molido

- 1 cucharadita de ajo en polvo

- 1 cucharadita de orégano

- 1 cucharadita de Cayena o al gusto

- 1 lata (8 oz) de salsa de tomate

- 1 lata de cerveza

- ½ cebolla; cortado en cubitos

Cocine la cebolla en un poco de aceite hasta que esté transparente a fuego medio, agregue la carne y baje el fuego a alto y dore durante aproximadamente dos minutos, baje el fuego a medio y agregue las especias de una vez y mezcle para resaltar los sabores de las especias secas, ahora agregue salsa de tomate y cocine durante unos minutos para resaltar los sabores de la salsa de tomate al cocinar durante unos minutos.

Ahora agregue la cerveza hasta que hierva y deje hervir a fuego lento durante aproximadamente 1 hora o más.

27. Salami de cerveza

Rendimiento: 10 libras

Ingrediente

- 3 libras de pechuga de carne en lata, en cubos

- 7 libras de jamón, en cubos, grasa incluida

- $1\frac{1}{2}$ cucharada de pimienta negra

- 1 cucharada de macis molida

- $1\frac{1}{2}$ cucharada de semillas de mostaza trituradas

- 2 cucharaditas de ajo finamente picado

- 4 Pies grandes tripas de ternera

Empiece a fumar a unos 80 grados y aumente gradualmente la temperatura a 160. Esto debería tomar alrededor de 4 horas. Fume 2 horas más.

Enfríe sumergiéndolo en una olla con agua fría (no fría) durante unos 5 minutos hasta que esté fría al tacto. Seca bien el salami y guárdalo en el frigorífico.

28. Salchicha polaca pochada a la cerveza

Rendimiento: 4 porciones

Ingrediente

- 12 onzas de cerveza

- 1 salchicha Kielbasa, 1 1/4 lbs.

- 1 aceite vegetal

- 1 jugo de 1 limón

Precalienta la parrilla. Coloque la cerveza en una sartén lo suficientemente grande como para contener salchichas. Calentar hasta que hierva; reducir el calor. Pinchar la salchicha y escalfarla suavemente en la cerveza 4 minutos por cada lado. Drenar.

Si usa chips o trozos de w remojados u otros condimentos, espolvoréelos sobre el carbón o la roca caliente de una parrilla de gas. Cepille la rejilla ligeramente con aceite. Unte ligeramente la salchicha con aceite.

Ase a fuego medio-caliente durante 5 minutos por lado. Servir: derramar la salchicha por el centro o cortarla en gajos gruesos. Espolvorea con jugo de limón antes de servir.

29. Arroz con cerveza

Rendimiento: 6 porciones

Ingrediente

- ½ taza de cebollas picadas

- ½ taza de pimientos verdes; Cortado

- ½ taza de mantequilla; Derretido

- 2 cubos de caldo de pollo

- 2 tazas de agua hirviendo

- 1 taza de arroz; crudo

- $\frac{3}{4}$ taza de cerveza

- $\frac{1}{2}$ cucharadita de sal

- $\frac{1}{4}$ de cucharadita de pimienta

- $\frac{1}{4}$ de cucharadita de tomillo molido

Sofría la cebolla y el pimiento verde en mantequilla hasta que estén tiernos.

Disuelva el caldo en agua hirviendo; agregue a la mezcla de cebolla y pimiento verde.

Agregue la cerveza y el condimento. Tape y cocine a fuego lento de 30 a 40 minutos o hasta que se absorba todo el líquido.

30. Ensalada de papa a la cerveza

Rendimiento: 8 porciones

Ingrediente

- 3 libras de papas

- 2 tazas de apio cortado en cubitos

- 1 cebolla pequeña picada

- Sal

- 1 taza de mayonesa

- 2 cucharadas de mostaza preparada

- $\frac{1}{4}$ de cucharadita de salsa picante

- $\frac{1}{2}$ taza de cerveza

- 2 cucharadas de perejil picado

La cerveza agregada al aderezo hace que esta ensalada de papa se destaque.

Cocine las papas con piel hasta que estén tiernas. Cuando esté frío, pelar y cortar en dados. Agregue el apio y la cebolla y sazone al gusto con sal. Licuar la mayonesa con la salsa de mostaza y pimiento picante. Incorpora la cerveza poco a poco. Agrega el perejil.

Vierta sobre la mezcla de papa. Mezclar ligeramente con un tenedor. Enfriar.

31. Pechuga de ternera sobre arroz salvaje

Rendimiento: 8 porciones

Ingrediente

- 2½ libras de pechuga de res fresca

- 1 cucharadita de sal

- ¼ de cucharadita de ajo en polvo

- 1 Botella (12 oz) de cerveza

- 2 Medicina. Tomates maduros, en rodajas

- ½ taza de cebolla picada

- 1 cucharadita de pimienta

- 1 Botella (12 oz) de salsa de chile

- Amandine de arroz salvaje

- Ramitas de perejil

Coloque la pechuga de res, con la grasa hacia abajo, en una fuente para asar profunda. Espolvorea la pechuga con cebolla, sal, pimienta y ajo en polvo. Vierta la salsa de chile sobre la pechuga. Cubra bien y cocine en horno lento (325 grados F.) durante 3 horas. Vierta la cerveza sobre la pechuga.

Coloque la pechuga en una fuente grande y rodee con Wild Rice Amandine. Adorne con rodajas de tomate y perejil. Cortar la pechuga en rodajas muy finas y servir con el líquido de cocción caliente.

32. Pato asado a la cerveza

Rendimiento: 4 porciones

Ingrediente

- $1\frac{3}{4}$ cucharada de sal

- $\frac{1}{4}$ de cucharadita de granos de pimienta de Sichuan

- Libras de pato

- 1 lata de cerveza; cualquier tipo, 12 oz

Combine la sal y los granos de pimienta en una sartén pequeña y tueste a fuego lento durante aproximadamente 5 minutos o hasta que la sal esté ligeramente dorada y los granos de pimienta humeantes levemente. Revolver.

Deje que el pato cuelgue durante 6-8 horas o hasta que la piel esté seca. Cubra una fuente para asar con papel de aluminio para reflejar el calor. Coloque la pechuga de pato hacia abajo y vierta⅓de la cerveza sobre él lentamente mientras lo frotas en la piel. Dar la vuelta al pato y verter y frotar el resto de la cerveza sobre la pechuga, muslos, piernas y alas.

Ase $1\frac{1}{2}$ horas a 400 grados, luego 30 minutos a 425 grados y finalmente otros 30 minutos a 450 grados.

33. Albóndigas con salsa de cerveza

Rendimiento: 6 porciones

Ingrediente

- 1,00 huevo; vencido

- 1 lata de queso cheddar condensado

- 1 taza de pan rallado blando

- $\frac{1}{4}$ de cucharadita de sal

- 1 libra de carne molida o chuck

- 1 cebolla mediana; en rodajas finas

- $\frac{1}{2}$ taza de cerveza

- $\frac{1}{2}$ cucharadita de orégano; seco, triturado

- Pimienta Pimienta

- Fideos cocidos o arroz

En un tazón pequeño, combine el huevo y $\frac{1}{4}$ de taza de sopa. Agregue el pan rallado y revuelva.

Coloque la cebolla, separada en aros, en una fuente para hornear de 12x7.5x2 ". Tape

Combine el resto de la sopa, la cerveza, el orégano y la pimienta. Vierta la mezcla de sopa sobre la mezcla. Hornear.

34. Camarones a la cerveza con pasta cabello de ángel

Rendimiento: 1 porción

Ingrediente

- 1 libra de camarones, pelados y desvenados

- 1 Botella (12 oz.) De cerveza light

- 1 taza de cebolla en rodajas verticales

- $1\frac{1}{2}$ cucharadita de cáscara de limón rallada

- $\frac{1}{2}$ cucharadita de sal

- $\frac{1}{4}$ de cucharadita de pimienta negra

- 1 Diente de ajo picado

- 2 cucharadas de aceite de oliva extra virgen

- 2 cucharadas de jugo de limón

- 4 tazas de pasta cabello de ángel cocida caliente

- Perejil fresco picado

Lleve la cerveza a ebullición en una olla a fuego alto. Agrega los camarones; tape y cocine 2 minutos. Retire los camarones con una espumadera; reservar y mantener caliente. Agrega la cebolla y los siguientes cinco ingredientes a la sartén; llevar a hervir.

Cocine, sin tapar, 4 minutos.

Retírelo del calor; agregue gradualmente el aceite y el jugo de limón, revolviendo constantemente con un batidor de varillas. Agrega la pasta; revuelva bien.

35. Pescado de cerveza alemana

Rendimiento: 1 ración

Ingrediente

- 1 carpa entera

- 2 cucharadas de mantequilla

- 1 cebolla mediana, picada

- 1 Tallo de apio picado

- $\frac{1}{2}$ cucharadita de sal y 6 granos de pimienta

- 3 Clavos enteros

- 4 rodajas   Limón

- 1 hoja de laurel

- 1 botella de cerveza

- 6 galletas de jengibre, trituradas

- 1 cucharada de perejil fresco de azúcar

Derrita la mantequilla en una sartén. Agregue la cebolla, el apio, la sal, los granos de pimienta y el clavo y mezcle. Cubra con rodajas de limón y laurel. Coloque el pescado encima. Agrega cerveza. Cubra y cocine a fuego lento de 15 a 20 minutos,

Ponga las galletas de jengibre y el azúcar en una sartén, agregue $1\frac{1}{2}$ taza de líquido colado.

Adorne el pescado con perejil. Pase la salsa para verter sobre el pescado y las patatas hervidas como guarnición.

36. Langostinos rebozados a la cerveza y azafrán

Rendimiento: 1 ración

Ingrediente

- 2 libras de gambas crudas

- 7 onzas de harina común

- 1 pizca de sal marina / pimentón

- 12 Hebras de azafrán; (empapado en agua caliente)

- 16 onzas líquidas de Ale

- Aceite de oliva para freír

- 1 rodajas de limón y alioli

Hacer una masa espesa con la cerveza, los condimentos y la harina y dejar reposar durante 30 minutos. Debe tener la consistencia de una salsa blanca.

Pelar las gambas dejando el rabo y mojar el pescado en la masa, sacudir el exceso y sofreír durante 2 minutos en aceite caliente y escurrir sobre papel de cocina.

Sirve con rodajas de limón.

37. Sopa de cerveza de canela

Rendimiento: 4 porciones

Ingrediente

- $1\frac{1}{2}$ cucharada (colmada) de harina

- 50 gramos de mantequilla (3 1/2 cucharadas)

- 1 litro de cerveza

- 1 pequeño trozo de canela

- Azúcar al gusto

- 2 yemas de huevo

- $\frac{1}{8}$ litro de leche (1/2 taza más 1/2 cucharada)

- Pan francés blanco tostado

Dore la harina en la mantequilla y luego agregue la cerveza. Agregue la canela y el azúcar y deje hervir. Mezcle la yema de huevo y la leche y agregue la cerveza caliente (pero ya no hirviendo). Colar y servir con rebanadas de pan tostado.

38. Bagre en cerveza

Rendimiento: 1 ración

Ingrediente

- 3 cucharadas de mantequilla o margarina

- 5 dientes de ajo de cada uno, picados

- 3 cebollas verdes de cada una, picadas

- 2 filetes de bagre de cada uno, grandes

- ⅓ taza de harina

- 4 champiñones cada uno, grandes, en rodajas

- 3 onzas de cerveza, ligera

- $\frac{1}{2}$ cada limón

- 1 x salsa Worcestershire

- 1 x Arroz, blanco

Dore el ajo y la cebolla finamente picados en mantequilla, muy calientes.

Enharine ligeramente el bagre, agréguelo a la sartén con los champiñones. Vierta la cerveza y trate los filetes con el jugo de medio limón. Agrega un par de gotas de Worcestershire. Saltee a fuego medio, dando vuelta, hasta que se dore por ambos lados.

Sirva en platos calientes con arroz. Use salsa de pan sobre el arroz.

39. Cerveza en el trasero de pollo

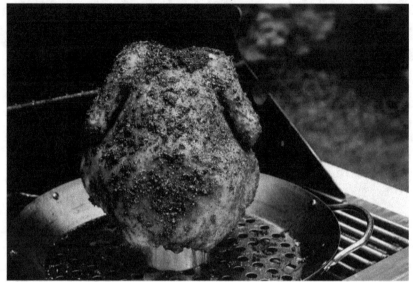

Rendimiento: 1 porción

Ingrediente

- Pollo entero

- Condimento

- masaje en seco

Consigue un pollo. Frote con las especias favoritas, como pimentón y sal.

Consigue una lata de cerveza de 16 oz. Beba aproximadamente la mitad de la cerveza.

Pon el pollo en la lata. Coloque el pollo en la parrilla.

Fume a unos 275 o menos, hasta que las baquetas se vuelvan fácilmente. Por lo general, alrededor de 5 o 6 horas.

40. Zanahorias en cerveza

Rendimiento: 4 porciones

Ingrediente

- 4 zanahorias cada una; grande

- 1 cucharada de mantequilla

- 1 taza de cerveza negra; cualquier marca

- $\frac{1}{4}$ de cucharadita de sal

- 1 cucharadita de azúcar

Pele y corte las zanahorias en rodajas largas y delgadas. Derrita la mantequilla en una sartén mediana; agregue cerveza y zanahorias.

Cocine lentamente hasta que estén tiernos, revolviendo con frecuencia. Agrega la sal y el azúcar. Cocine por otros 2 minutos y sirva caliente.

41. Hamburguesas de cerveza al horno

Rendimiento: 6 porciones

Ingrediente

- 2 libras de carne molida

- Pimiento picante

- 1 cucharadita de salsa tabasco

- 1 Diente de ajo, triturado

- ⅓ taza de salsa de chile

- ½ paquete de mezcla de sopa de cebolla seca

- $\frac{1}{2}$ taza de cerveza

Precaliente el horno a 400 ° F.

Combine la carne, la pimienta, la salsa Tabasco, el ajo, la salsa picante, la mezcla de sopa de cebolla seca y $\frac{1}{4}$ de taza de cerveza. Forme 6 hamburguesas.

Hornee a 400 ° F hasta que se dore, aproximadamente 10 minutos. Rocíe con $\frac{1}{4}$ de taza restante de cerveza.

Continúe horneando durante 10-15 minutos más, hasta que esté bien cocido.

42. Sándwiches de cerveza asada

Rendimiento: 3 porciones

Ingrediente

- 4 libras de carne asada deshuesada

- 1 botella pequeña de salsa de tomate

- 1 lata de cerveza

- Sal al gusto

- Pimienta al gusto

- Ajo al gusto

Coloque el asado en un tostador de vidrio o esmaltado. Espolvorea con condimentos. Vierta cerveza y salsa de tomate. Cubra y coloque en un horno a 350 grados durante 1 hora o más, hasta que estén tiernos.

Corte en rodajas finas sobre un panecillo para sándwich tibio, vierta la salsa sobre la carne. Sirva caliente.

SOPAS Y GUISADOS CON INFUSIÓN

43. Crema de cerveza

Rendimiento: 4 porciones

Ingrediente

- Botellas de cerveza de 12 onzas (1 oscura y 2 clara)

- 1 cucharada de azúcar

- $\frac{1}{2}$ cucharadita de pimienta blanca

- $\frac{1}{4}$ de cucharadita Cada canela y sal

- $\frac{1}{8}$ cucharadita de nuez moscada

- 3 Huevos separados

- $\frac{1}{2}$ taza de crema espesa

Vierta la cerveza en una cacerola, agregue el azúcar y las especias y deje hervir. Batir las yemas de huevo con la nata, añadir un poco de cerveza caliente a la mezcla, batir bien y volver a verter la mezcla en el resto de la cerveza, batiendo constantemente con un batidor de varillas a fuego muy lento para evitar que se cuaje. Refrigere hasta que esté frío.

Cuando esté listo para servir, bata las claras de huevo hasta que estén firmes pero no secas e incorpórelas a la sopa.

44. Sopa de cerveza de cebolla y ajo

Rendimiento: 1 ración

Ingrediente

- 4 libras de cebollas; (alrededor de 10), en rodajas

- 4 dientes de ajo grandes; picado

- 2 cucharadas de aceite de oliva

- Una botella de cerveza (de 12 onzas) (no oscura)

- $5\frac{1}{4}$ taza de caldo de res

- 2 cucharadas de azúcar

- 2 cucharadas de mantequilla sin sal

- 4 rodajas   Pan de centeno de un día; costras descartadas

- Parmesano recién rallado

En una olla pesada, cocine las cebollas y el ajo en el aceite a fuego moderado, revolviendo ocasionalmente, hasta que la mezcla se dore.

Agrega la cerveza y el caldo; cocine a fuego lento la mezcla, tapada, durante 45 minutos, y agregue el azúcar, la sal y la pimienta al gusto. Mientras la sopa hierve a fuego lento, en una sartén pesada derrita la mantequilla a fuego moderado, agregue los cubos de pan y cocínelos, revolviendo, hasta que estén dorados.

Divida la sopa en 6 tazones y cúbrala con el queso parmesano y los picatostes.

45. Sopa de cerveza con tocino y queso cheddar

Rendimiento: 33 porciones

Ingrediente

- 6 onzas de aceite vegetal

- 1½ libras de cebollas; picado grueso

- 1¼ libras de papas; cortado en cubitos

- 1 libra de zanahorias; cortado en cubitos

- 1 libra de apio; rebanado

- 1 lata de salsa de tocino y queso cheddar

- 2 tazas de cerveza

- 1 cuarto de caldo de pollo

- $1\frac{1}{4}$ libras de vegetales mixtos; congelado

- $\frac{1}{2}$ cucharadita de pimentón

- $\frac{1}{2}$ cucharadita de pimienta blanca

- $\frac{1}{4}$ de cucharadita de saborizante Liquid Smoke

- 2 cucharadas de perejil; Cortado

Coloque el aceite vegetal en una olla grande.
Agregue las cebollas, las papas, las zanahorias y el
apio; saltee de 25 a 30 minutos o hasta que las
verduras estén cocidas.

Agrega los ingredientes restantes. Combine bien.
Cocine a fuego lento durante 20 minutos a fuego
lento, revolviendo ocasionalmente. Servir caliente.

46. Sopa de cebolla con cerveza bávara

Rendimiento: 6 porciones

Ingrediente

- 1 hoja de laurel

- ½ cucharadita de albahaca seca / tomillo / orégano

- ½ cucharadita de semillas de hinojo

- ½ cucharadita de nuez moscada molida

- ¼ de taza de granos de pimienta negra

- 5 Cebollas; en rodajas de 1/4 "de grosor

- 1 cucharadita de ajo; aplastada

- 3 cucharadas de mantequilla

- 1½ taza de cerveza Pilsner

- ½ cucharada de condimento Maggi

- 4 cucharadas

Combine la hoja de laurel, la albahaca, el tomillo, el orégano, la semilla de hinojo, la nuez moscada y los granos de pimienta en un trozo de gasa y átelo con una cuerda.

Saltee las cebollas y el ajo en mantequilla hasta que estén bien dorados.

Transfiera a una cacerola y agregue el agua y la cerveza. Llevar a hervir. Agrega la bolsita de especias, el condimento Maggi y la base de ternera.

Cocine a fuego lento durante 30 minutos.

47. Guiso de cerveza belga

Rendimiento: 1 porción

Ingrediente

- 3 libras de asado Chuck

- 1 corvejón de jamón ahumado

- $\frac{1}{2}$ taza de aceite

- 1 cebolla grande; en rodajas finas

- 3 cucharadas de harina

- Cerveza

- 1 taza de caldo de res

- $\frac{1}{2}$ cucharadita de pimienta negra

- 2 cucharaditas de azúcar

- 2 cucharadas de hojuelas de perejil

- 1 pizca de mejorana y 1 pizca de tomillo

- 1 diente de ajo; finamente picada

- 4 Zanahorias; cortar en trozos de 1 "

- $\frac{3}{4}$ taza de nueces

- 2 cucharadas de vinagre de vino tinto

- 2 cucharadas de whisky escocés

Dore la carne y el jamón en aceite en una sartén grande.

Tamizar la harina en aceite para que se dore. Agregue gradualmente la carne

Agrega otros ingredientes. Tape y cocine por 2 $\frac{1}{2}$ horas.

48. Sopa de queso y cerveza con brócoli

Rendimiento: 10 porciones

Ingrediente

- 4 tazas de agua

- 1 Cebolla, pequeña; Cortado

- 1 libra de brócoli fresco

- 1 onza de caldo de res; gránulos

- $\frac{3}{4}$ taza de margarina

- $1\frac{1}{2}$ taza de harina

- $\frac{1}{4}$ de cucharadita de ajo en polvo

- $\frac{1}{4}$ de cucharadita de pimienta blanca

- Pimentón; probar

- 2 libras de queso cheddar; cubicado

- 4 tazas de leche

- 2 onzas de cerveza

Ponga a hervir el agua y la cebolla en una olla grande para sopa. Agrega los condimentos y la mitad del brócoli. Vuelva a hervir. Agregue la base de sopa y baje el fuego. En una cacerola aparte, haga un roux.

Cuando el roux espese, agregue gradualmente a la sopa, batiendo con un batidor de alambre para evitar grumos. Caliente la leche y el queso a un punto por debajo del punto de ebullición hasta que el queso se derrita, revolviendo constantemente.

Licue con la sopa y agregue el brócoli restante. Justo antes de servir, agregue la cerveza. Mezclar bien.

49. Sopa de cerveza a la orilla del mar

Rendimiento: 6 porciones

Ingrediente

- 1 taza de sopa de tomate condensada

- 1 taza de sopa de guisantes verdes condensada

- 12 onzas de cerveza Great Western

- $\frac{1}{4}$ de cucharadita de sal de ajo

- 1 taza de camarones diminutos

- 1 taza Mitad y mitad o crema

Coloque las sopas condensadas en una cacerola; agregue la cerveza. Agrega sal de ajo.

Caliente a fuego lento, revolviendo hasta que quede suave.

Cocine a fuego lento de 3 a 4 minutos.

Justo antes de servir, agregue los camarones sin escurrir y la mitad y la mitad. Calentar a temperatura de servicio; no hierva.

50. Biersuppe (sopa de cerveza) y suero de leche

Rendimiento: 1 receta

Ingrediente

- 2 tazas de leche dulce

- 2 cucharaditas de maicena

- $\frac{1}{2}$ taza de azúcar

- 3 Yemas de huevo

- 3 Claras de huevo

- 2 tazas Cerveza

Leche escaldada. Mezcle la maicena y el azúcar, agregue las yemas de huevo batidas y mezcle bien antes de agregar lentamente a la leche.

En una sartén aparte escaldar la cerveza. Combine con la mezcla de leche. A las claras batidas agregue 1 cucharada de azúcar y amontone cucharadas encima de la sopa.

CONCLUSIÓN

Los méritos de cocinar e infundir cerveza se extienden mucho más allá de abrir una fría después de un largo día. También se pueden utilizar brebajes de todos los tonos para cocinar ...

Vale la pena tomarse el tiempo y el esfuerzo para combinar la cerveza con la comida. El mismo principio se aplica cuando se usa vino para agregar cuerpo y sabor a los platos, y la cerveza es (generalmente) más barata que el vino. Como la cerveza es tan compleja, debes usar diferentes tonos y estilos para las recetas adecuadas, ¡y este libro te ha equipado con ideas para comenzar!

CPSIA information can be obtained
at www.ICGtesting.com
Printed in the USA
BVHW011118250621
610370BV00014B/55